Índice do Curso

3. Seletores e regras CSS

4. Propriedades CSS básicas

5. Estilização de texto e fontes

6. Cores e gradientes

7. Box model e layout

Parte 5: Estilização Avançada com CSS3

1. Transformações (translação, rotação, escala, etc.)

2. Transições e animações

3. Flexbox e suas propriedades

4. Grid Layout e suas propriedades

5. Media queries e responsividade

Parte 6: Projeto Prático

1. Criação de uma página web completa usando HTML5 e CSS3

Parte 7: Melhores Práticas e Dicas

1. Performance e otimização do código

2. Acessibilidade na web

3. Cross-Browser Compatibility (Compatibilidade entre navegadores)

4. Debugging e ferramentas úteis

Parte 8: Recursos Adicionais

1. Frameworks e bibliotecas CSS populares

2. Referências e documentação oficial

Parte 1: Introdução ao HTML5

Introdução ao HTML5

HTML5 é a mais recente versão da linguagem de marcação padrão para criação e estruturação de conteúdo na web. Com a evolução da tecnologia, o HTML5 trouxe novos recursos e elementos semânticos, tornando a criação de páginas web mais poderosa e acessível. Ao contrário das versões anteriores, o HTML5 enfatiza a importância da semântica, permitindo aos desenvolvedores comunicar claramente a estrutura e o significado do conteúdo.

Nesta introdução ao HTML5, os alunos aprenderão sobre a história do HTML e as motivações para o desenvolvimento do HTML5. Eles explorarão a estrutura básica de um documento HTML5, compreendendo a importância dos elementos <head> e <body>. Através de exemplos práticos, os alunos serão apresentados aos principais elementos HTML5, como cabeçalhos, parágrafos, listas, links, imagens e mídia (áudio e vídeo).

Além disso, os alunos serão incentivados a utilizar as novas tags semânticas do HTML5, como <header>, <nav>, <main>, <article>, <section>, <footer>, para criar páginas mais organizadas e acessíveis. Eles também serão introduzidos aos atributos HTML5 que melhoram a experiência do usuário, como alt para imagens e aria-* para acessibilidade.

Através deste curso de Introdução ao HTML5, os alunos estarão prontos para começar a criar suas próprias páginas web e entenderão os princípios fundamentais para desenvolver sites modernos e eficazes.

O que é HTML 5

HTML5 é a quinta versão da linguagem de marcação HTML (Hypertext Markup Language), que é utilizada para criar e estruturar conteúdo na web. Ele representa uma evolução significativa em relação às versões anteriores do HTML, incorporando novos recursos, elementos semânticos e melhorias na forma como os navegadores interpretam e exibem o conteúdo.

Principais características do HTML5:

1. **Semântica Avançada**: O HTML5 introduziu uma série de novas tags semânticas, como **<header>**, **<nav>**, **<main>**, **<article>**, **<section>**, **<footer>**, entre outras. Essas tags ajudam a descrever claramente a estrutura do conteúdo, tornando as páginas mais acessíveis para os usuários e também melhorando a indexação pelos mecanismos de busca.

2. **Suporte a Mídia**: O HTML5 trouxe suporte nativo para elementos de mídia, como **<audio>** e **<video>**. Isso permite que os desenvolvedores incorporem facilmente conteúdo de áudio e vídeo em suas páginas, sem depender de plugins como o Flash.

3. **Gráficos e Animações**: Com a introdução do elemento **<canvas>**, o HTML5 permite que os desenvolvedores desenhem gráficos e animações diretamente na página usando JavaScript. Além disso, o suporte ao formato SVG (Scalable Vector Graphics) foi aprimorado, proporcionando uma maneira eficiente de criar gráficos escaláveis e interativos.

4. **Melhorias em Formulários**: O HTML5 introduziu novos tipos de campos de entrada em formulários, como campos de data, e-mail, número e busca. Além disso, validação de formulários e campos de entrada podem ser realizadas de forma mais simples e eficiente usando atributos HTML5.

5. **Armazenamento Local**: O HTML5 inclui APIs que permitem o armazenamento de dados localmente no navegador, como **localStorage** e **sessionStorage**. Isso possibilita que os aplicativos web armazenem informações no dispositivo do usuário para uso posterior.

6. **Acesso a Dispositivos**: O HTML5 disponibiliza APIs que permitem acesso ao hardware do dispositivo, como geolocalização (localização do usuário), câmera e microfone, entre outros. Isso torna possível criar aplicativos web mais interativos e personalizados.

7. **Compatibilidade com Plataformas Diversas**: O HTML5 é projetado para ser compatível com uma ampla gama de dispositivos e navegadores modernos. Isso possibilita o desenvolvimento de páginas web responsivas que se adaptam a diferentes tamanhos de tela e ambientes.

Em resumo, o HTML5 é uma versão mais poderosa, versátil e semântica da linguagem de marcação HTML, que permite criar páginas web ricas em recursos, acessíveis e interativas. Ele tem sido amplamente adotado na indústria e é a base para o desenvolvimento de aplicações web modernas.

História e evolução do HTML

A história e evolução do HTML remontam às origens da World Wide Web. Abaixo, destacarei os principais marcos e versões que contribuíram para a formação da linguagem de marcação HTML como a conhecemos hoje:

1. **Anos 1980**: A ideia da World Wide Web foi proposta por Tim Berners-Lee, enquanto trabalhava no CERN (Organização Europeia para a Pesquisa Nuclear). Em 1989, ele escreveu um documento intitulado "Information Management: A Proposal", que serviu como base para a criação da web.

2. **1991**: Tim Berners-Lee desenvolveu o HTML (HyperText Markup Language) como uma forma de criar documentos hipertexto que pudessem ser acessados por

meio de navegadores. A primeira versão do HTML foi lançada como "HTML Tags", apresentando elementos básicos como cabeçalhos, parágrafos e links.

3. **1993**: O HTML 2.0 foi padronizado pelo IETF (Internet Engineering Task Force). Essa versão já incorporava recursos como tabelas e formulários.

4. **1995**: O HTML 3.0 foi lançado como um esforço conjunto entre a IETF e a W3C (World Wide Web Consortium). Introduziu muitos recursos avançados, incluindo imagens embutidas, alinhamento de texto e suporte a cores.

5. **1997**: O HTML 4.0 foi lançado pelo W3C e trouxe uma série de melhorias, como suporte para folhas de estilo (CSS) e a introdução de novos elementos semânticos. Nesta versão, foram adicionados elementos como **<div>**, **<span>**, **<strong>**, **<em>**, entre outros.

6. **Anos 2000**: Durante esta década, a web cresceu rapidamente, e as demandas por funcionalidades mais avançadas aumentaram. No entanto, a evolução do HTML começou a desacelerar, e o foco mudou para tecnologias complementares, como Flash e Java.

7. **2004**: O W3C iniciou o desenvolvimento do que seria o HTML5. Essa nova versão do HTML tinha como objetivo trazer melhorias significativas, atendendo às necessidades emergentes da web, como multimídia nativa e aplicativos interativos.

8. **2014**: O W3C oficialmente recomendou o HTML5 como a versão padrão para a web. Essa versão incorporou os elementos semânticos, melhorias em formulários, suporte para áudio e vídeo, elementos de mídia e muito mais.

9. **Atualidade**: Desde a recomendação do HTML5, o W3C tem continuado a trabalhar no aprimoramento da linguagem e na especificação de novos recursos através do HTML Living Standard, que é constantemente atualizado e refinado para acompanhar as necessidades e avanços tecnológicos da web.

Hoje, o HTML5 é amplamente adotado e é a base para o desenvolvimento de sites modernos e aplicativos web interativos. Sua evolução tem sido acompanhada por tecnologias complementares, como CSS3 e JavaScript, que juntas proporcionam uma experiência rica e dinâmica na web.

Estrutura básica de um documento HTML5

A estrutura básica de um documento HTML5 é fundamental para criar uma página web válida e bem estruturada. Um documento HTML5 é composto por elementos que definem a estrutura, o conteúdo e as metainformações da página. Abaixo está a estrutura básica de um documento HTML5:

```html
<!DOCTYPE html>
<html lang="pt-br">
<head>
    <meta charset="UTF-8">
    <meta name="viewport" content="width=device-width, initial-scale=1.0">
    <title>Título da Página</title>
</head>
<body>
    <!-- Conteúdo da página aqui -->
</body>
</html>
```

Aqui está uma breve descrição dos principais elementos da estrutura básica:

1. **<!DOCTYPE html>**: Esta é a declaração do tipo de documento, que informa ao navegador que o documento é uma página HTML5. Ela deve ser a primeira linha do documento e é escrita em letras maiúsculas.

2. **<html>**: Este é o elemento raiz do documento HTML5. Ele contém todos os elementos da página e define o escopo do documento.

3. **lang="pt-br"**: O atributo **lang** é usado para definir o idioma principal da página. No exemplo acima, o idioma é definido como português do Brasil. Essa informação é útil para mecanismos de busca e acessibilidade.

4. **<head>**: O elemento **<head>** contém informações sobre a página que não são exibidas diretamente na janela do navegador, mas são importantes para configurar a página corretamente. Aqui, você pode incluir metainformações, como a codificação de caracteres (**<meta charset="UTF-8">**), informações de viewport (**<meta name="viewport" content="width=device-width, initial-scale=1.0">**) e o título da página (**<title>Título da Página</title>**).

5. **<body>**: O elemento **<body>** contém todo o conteúdo visível da página, como texto, imagens, links, formulários, entre outros. É dentro deste elemento que a maioria do conteúdo da página é inserido.

Dentro do elemento **<body>**, você pode adicionar todos os outros elementos HTML que desejar, como cabeçalhos (**<h1>**, **<h2>**, etc.), parágrafos (**<p>**), listas (**<ul>**, **<ol>**, **<li>**), imagens (**<img>**), links (**<a>**), formulários (**<form>**, **<input>**, etc.) e muito mais.

Lembre-se de que a correta estruturação de um documento HTML5 é importante para melhorar a acessibilidade, facilitar a indexação pelos mecanismos de busca e criar uma base sólida para estilização e interatividade com CSS e JavaScript.

Tags e elementos HTML5

HTML5 introduziu uma série de novas tags e elementos que expandiram as capacidades da linguagem e permitiram a criação de páginas web mais ricas em conteúdo e semântica. Abaixo estão algumas das tags e elementos mais importantes do HTML5:

1. **Tags Semânticas**:

   - **<header>**: Define o cabeçalho da página ou de uma seção específica.

   - **<nav>**: Define um menu de navegação.

   - **<main>**: Define o conteúdo principal da página.

   - **<article>**: Define um conteúdo independente e distribuível, como um post de blog.

   - **<section>**: Define uma seção genérica de conteúdo.

   - **<aside>**: Define um conteúdo relacionado, como uma barra lateral.

   - **<footer>**: Define o rodapé da página ou de uma seção específica.

2. **Elementos Multimídia**:

   - **<video>**: Incorpora um vídeo na página.

- **<audio>**: Incorpora um arquivo de áudio na página.
- **<source>**: Especifica várias fontes de mídia para **<video>** e **<audio>**, permitindo o uso de diferentes formatos de mídia, dependendo da compatibilidade do navegador.

3. **Elementos de Formulário**:

- **<input>**: Cria um campo de entrada, como caixa de texto, botão, checkbox, etc.
- **<textarea>**: Cria uma área de texto multilinha.
- **<label>**: Define um rótulo para um elemento de formulário, melhorando a usabilidade.
- **<fieldset>** e **<legend>**: Agrupa elementos de formulário relacionados e adiciona uma legenda descritiva.

4. **Elementos de Tabela**:

- **<table>**: Cria uma tabela para organizar dados em linhas e colunas.
- **<thead>**, **<tbody>**, **<tfoot>**: Agrupam o cabeçalho, corpo e rodapé de uma tabela, respectivamente.
- **<th>**: Define uma célula de cabeçalho de uma tabela.
- **<tr>**: Cria uma linha em uma tabela.
- **<td>**: Define uma célula em uma tabela.

5. **Elementos de Mídia**:

- **<img>**: Incorpora uma imagem na página.
- **<figure>** e **<figcaption>**: Permitem agrupar uma imagem (ou outro conteúdo multimídia) com uma legenda explicativa.

6. **Elementos de Link e Navegação**:

- **<a>**: Cria um link para outra página ou recurso.
- **<link>**: Define relações entre o documento atual e recursos externos, como arquivos de estilo (CSS) ou ícones.
- **<nav>**: Define um bloco de navegação.

7. **Elementos de Texto**:

- **\<h1\>** a **\<h6\>**: Define os seis níveis de cabeçalhos, com **\<h1\>** sendo o mais importante e **\<h6\>** o menos importante.

- **\<p\>**: Define um parágrafo de texto.

- **\<strong\>**: Define texto importante, geralmente exibido em negrito.

- **\<em\>**: Define texto enfatizado, geralmente exibido em itálico.

Essas são apenas algumas das tags e elementos HTML5 disponíveis. O HTML5 trouxe uma série de recursos que melhoram a estrutura e a semântica das páginas web, tornando-as mais acessíveis e fáceis de entender tanto para os desenvolvedores quanto para os usuários. É importante utilizar essas tags de forma adequada e semântica para garantir a correta interpretação do conteúdo pelos navegadores e mecanismos de busca.

Atributos HTML5

O HTML5 introduziu alguns atributos novos, além de melhorias em atributos existentes, que oferecem mais funcionalidades e flexibilidade ao desenvolvimento de páginas web. Abaixo estão alguns dos principais atributos HTML5:

1. **data-* (Atributos de Dados)**: Os atributos **data-*** permitem que você armazene dados personalizados em elementos HTML para uso em scripts e estilos. Eles são muito úteis para passar informações adicionais para os elementos semânticos da página. Por exemplo:

```
<div data-user-id="123" data-user-name="John Doe">
    <!-- Conteúdo do elemento div -->
</div>
```

placeholder: O atributo **placeholder** é usado em elementos de entrada (como **\<input\>** e **\<textarea\>**) para fornecer um texto temporário que desaparece quando o usuário digita algo no campo. Por exemplo:

```
<input type="text" placeholder="Digite seu nome">
```

autofocus: O atributo **autofocus** é usado em elementos de entrada para definir o foco automaticamente quando a página é carregada. Isso é útil, por exemplo, quando você deseja que o cursor comece diretamente em um campo de pesquisa ou login. Por exemplo:

```
<input type="text" autofocus>
```

required: O atributo **required** é usado em elementos de entrada para indicar que o campo deve ser preenchido antes do envio de um formulário. Se um campo obrigatório for deixado em branco, o navegador impedirá o envio do formulário e exibirá uma mensagem de erro. Por exemplo:

```
<input type="text" required>
```

disabled: O atributo **disabled** é usado para desativar temporariamente um elemento de entrada, impedindo que o usuário interaja com ele. Por exemplo:

```
<button type="submit" disabled>Enviar</button>
```

download: O atributo **download** é usado em links **<a>** para fornecer um arquivo para download. Quando um link com esse atributo é clicado, o navegador iniciará o download do arquivo em vez de abrir o link. Por exemplo:

```
<a href="documento.pdf" download>Baixar PDF</a>
```

media: O atributo **media** é usado para especificar a mídia para a qual o estilo é aplicado. É comumente usado em elementos **<link>** e **<style>**. Por exemplo:

```
<link rel="stylesheet" href="styles.css" media="screen">
<style media="print">
  /* Estilos para impressão */
</style>
```

Esses são apenas alguns dos atributos HTML5 disponíveis. Eles oferecem mais controle e funcionalidades ao desenvolvedor, permitindo criar páginas web mais ricas e interativas. Sempre verifique a documentação oficial para obter informações detalhadas sobre cada atributo e seu comportamento em diferentes navegadores.

Parte 2: Elementos Essenciais do HTML5

Os elementos essenciais do HTML5 são fundamentais para a criação de uma estrutura básica e um conteúdo significativo em uma página web. Eles formam a base para organizar informações e apresentar conteúdo aos usuários. Abaixo estão alguns dos elementos essenciais do HTML5:

1. **<!DOCTYPE html>**: Essa declaração define o tipo de documento como HTML5 e deve estar na primeira linha de um documento HTML5.

2. **<html>**: O elemento raiz que envolve todo o conteúdo HTML da página.

3. **<head>**: Contém metainformações sobre o documento, como a codificação de caracteres, título da página, links para folhas de estilo (CSS) e outras informações importantes.

4. **<meta>**: Fornece informações sobre o documento, como a codificação de caracteres e instruções para mecanismos de busca e navegadores.

5. **<title>**: Define o título da página, que é exibido na barra de título do navegador ou na guia.

6. **<body>**: Contém todo o conteúdo visível da página, como texto, imagens, links, formulários e outros elementos.

7. **<h1>, <h2>, ..., <h6>**: Cabeçalhos de níveis variados para criar títulos e seções no conteúdo.

8. **<p>**: Parágrafos de texto.

9. **<a>**: Cria links para outras páginas ou recursos.

10. **<img>**: Incorpora imagens na página.

11. **<ul>, <ol>, <li>**: Listas não ordenadas (com marcadores) e ordenadas (com números ou letras) e itens da lista, respectivamente.

12. **<table>, <tr>, <th>, <td>**: Elementos para criar tabelas e suas partes, como linhas e células.

13. **<form>**: Cria um formulário que permite a coleta de informações do usuário.

14. **<input>, <textarea>, <select>, <button>**: Elementos de entrada de formulário, como campos de texto, áreas de texto, menus suspensos e botões.

15. **\<div>, \<span>**: Elementos de contêiner usados para agrupar e estilizar conteúdo. O **\<div>** é usado para agrupar blocos de conteúdo, enquanto o **\<span>** é usado para estilizar partes menores de texto.

16. **\<header>, \<nav>, \<main>, \<article>, \<section>, \<footer>**: Tags semânticas usadas para definir a estrutura e o significado do conteúdo da página.

17. **\<video>, \<audio>**: Incorporam elementos de mídia de vídeo e áudio na página.

18. **\<iframe>**: Incorpora conteúdo externo, como outras páginas web ou vídeos embutidos.

19. **\<hr>**: Insere uma linha horizontal para separar o conteúdo.

Esses elementos essenciais formam a base para a criação de uma página web funcional e bem estruturada. Através da combinação e configuração desses elementos, é possível criar uma variedade de layouts e conteúdos para atender às necessidades do seu projeto.

Cabeçalhos (Headings) e Parágrafos

Os cabeçalhos (headings) e os parágrafos são elementos fundamentais para estruturar e formatar o conteúdo de uma página HTML5. Eles ajudam a organizar o texto, melhorar a legibilidade e fornecer hierarquia ao conteúdo. Abaixo, vou explicar como usar os cabeçalhos e parágrafos:

Cabeçalhos (Headings)

Os cabeçalhos são usados para criar títulos e sub-títulos em uma página, estabelecendo uma hierarquia visual e estrutural. O HTML5 oferece seis níveis de cabeçalhos, do **\<h1>** ao **\<h6>**, em ordem decrescente de importância. O **\<h1>** é o título principal e deve ser usado para destacar o conteúdo mais relevante da página, enquanto o **\<h6>** é usado para subtítulos de menor importância.

Exemplo:

```
<h1>Título Principal</h1>
<h2>Subtítulo Importante</h2>
<h3>Subtítulo Menos Importante</h3>
```

Lembre-se de usar os cabeçalhos de forma semântica e lógica, relacionando-os ao contexto do seu conteúdo. Evite usar cabeçalhos apenas para aplicar estilos de formatação, pois isso prejudicaria a acessibilidade e a estrutura da página.

Parágrafos

Os parágrafos são usados para agrupar blocos de texto em unidades significativas. Eles são criados com a tag **<p>** e são ótimos para separar e organizar o conteúdo textual de maneira clara.

Exemplo:

```
<p>Este é um parágrafo de texto. Ele contém informações importantes sobre o assunto.</p> <p>Outro parágrafo continua o tópico, adicionando mais detalhes.</p>
```

Ao criar parágrafos, lembre-se de quebrar o conteúdo em unidades coerentes e evitar parágrafos muito longos, pois isso pode tornar o texto difícil de ler. Use parágrafos para estruturar o texto e facilitar a compreensão do leitor.

Em resumo, cabeçalhos e parágrafos são elementos essenciais para organizar e formatar o conteúdo textual de uma página web. Use-os de maneira semântica para criar uma estrutura clara e legível para os seus usuários.

Listas (Ordenadas e Não ordenadas)

As listas ordenadas e não ordenadas são elementos do HTML5 usados para organizar e estruturar informações de maneira hierárquica. Elas são úteis para apresentar uma série de itens relacionados. Abaixo, vou explicar como usar as listas ordenadas e não ordenadas:

Lista Não Ordenada (<ul>)

Uma lista não ordenada é usada para representar itens que não têm uma ordem específica. Os itens são exibidos com marcadores (pontos, círculos, quadrados, etc.).

Exemplo:

<ul> <li>Item 1</li> <li>Item 2</li> <li>Item 3</li> </ul>

```
<ul>
        <li>Item 1</li>
        <li>Item 2</li>
        <li>Item 3</li>
</ul>
```

Lista Ordenada (<ol>)

Uma lista ordenada é usada para representar itens que têm uma ordem específica. Os itens são numerados automaticamente.

Exemplo:

```
<ol>
    <li>Primeiro Item</li>
    <li>Segundo Item</li>
    <li>Terceiro Item</li>
</ol>
```

Itens da Lista (<li>)

Os itens da lista (**<li>**) são usados dentro de elementos **<ul>** ou **<ol>** para criar cada item individual na lista, seja ordenada ou não ordenada.

Exemplo:

```
<ul>
    <li>Maçã</li>
    <li>Laranja</li>
    <li>Banana</li>
</ul>
```

Lista de Descrição (<dl>, <dt>, <dd>)

Uma lista de descrição é usada para associar termos (**<dt>**) a suas respectivas definições (**<dd>**).

Exemplo:

```
<dl>
        <dt>HTML</dt>
        <dd>Linguagem de Marcação de Hipertexto.</dd>
        <dt>CSS</dt>
        <dd>Folhas de Estilo em Cascata.</dd>
</dl>
```

Ao usar listas, lembre-se de aplicar a estrutura semântica apropriada. As listas fornecem uma maneira organizada e clara de apresentar informações e melhoram a acessibilidade e a usabilidade da página. Certifique-se de escolher o tipo de lista (ordenada ou não ordenada) com base na natureza dos itens que você deseja apresentar.

Imagens e seus atributos

As imagens são elementos visuais essenciais em páginas web, e o HTML5 oferece maneiras de incorporá-las e controlar sua apresentação usando atributos. Aqui estão os principais atributos relacionados a imagens:

1. **<img> (Elemento de Imagem)**: O elemento **<img>** é usado para incorporar imagens em uma página web. Ele não tem uma tag de fechamento e é um elemento vazio. É necessário pelo menos o atributo **src**, que define o caminho da imagem.

```
<img src="caminho-da-imagem.jpg" alt="Descrição da Imagem">
```

2. **src (Atributo de Origem)**: Especifica o caminho ou URL da imagem a ser exibida.

3. **alt (Atributo de Texto Alternativo)**: Fornece uma descrição textual da imagem para acessibilidade e quando a imagem não puder ser exibida.

```
<img src="imagem.jpg" alt="Um lindo pôr do sol na praia">
```

width e height (Atributos de Largura e Altura): Definem as dimensões da imagem em pixels. É uma boa prática definir esses atributos para ajudar na renderização da página e no layout.

```
<img src="imagem.jpg" alt="Uma paisagem montanhosa" width="800" height="600">
```

loading (Atributo de Carregamento): Define como a imagem deve ser carregada. Pode ser **eager** (padrão, carrega imediatamente) ou **lazy** (carrega quando a imagem está prestes a entrar na janela de visualização).

```
<img src="imagem.jpg" alt="Uma praia tropical" loading="lazy">
```

decoding (Atributo de Decodificação): Controla como o navegador deve decodificar a imagem. Pode ser **async** (padrão, decodificação assíncrona) ou **sync** (decodificação síncrona).

```
<img src="imagem.jpg" alt="Uma floresta exuberante" decoding="async">
```

Lembre-se de que, ao usar imagens, é importante fornecer descrições alternativas (atributo **alt**) para tornar o conteúdo acessível a todos os usuários, incluindo aqueles que utilizam tecnologias assistivas. Além disso, otimize as imagens para a web, considerando seu tamanho e formato, para melhorar o desempenho da página.

Links (Âncoras) e URLs

Links, também conhecidos como âncoras, são elementos do HTML5 que permitem a navegação entre diferentes páginas da web ou dentro da mesma página. Eles são fundamentais para a interconectividade e a experiência de navegação dos usuários. Vamos explorar como criar links e entender URLs:

Criação de Links (<a>)

A tag **<a>** (âncora) é usada para criar links em HTML. Ela possui um atributo **href** que especifica o destino do link, que pode ser uma URL, um arquivo, uma âncora interna ou um e-mail.

Exemplo de link para uma página externa:

```
<a href="https://www.exemplo.com">Visite o Exemplo</a>
```

Exemplo de link para uma página interna:

```
<a href="pagina.html">Ir para a Página</a>
```

URLs (Uniform Resource Locators)

Uma URL é um endereço da web que identifica um recurso específico, como uma página, um arquivo ou um serviço. Ela é composta por vários componentes:

- **Protocolo**: Indica como o navegador deve se conectar ao recurso (por exemplo, **http**, **https**, **ftp**).

- **Domínio**: O endereço do servidor onde o recurso está hospedado (por exemplo, **www.exemplo.com**).

- **Caminho**: O caminho para o recurso no servidor (por exemplo, **/pasta/pagina.html**).

- **Query String**: Parâmetros adicionais que podem ser passados para a página (por exemplo, **?id=123**).

- **Âncora**: Define uma âncora interna na página (por exemplo, **#secao1**).

  Exemplo de URL completa:

```
https://www.exemplo.com/pasta/pagina.html?id=123#secao1
```

Ao criar links, você pode usar URLs absolutas (com o endereço completo) ou URLs relativas (relativas ao local atual do documento).

Os links internos são usados para navegar dentro da mesma página, apontando para âncoras (IDs) específicas ou elementos dentro do documento.

Exemplo de link interno para uma âncora:

```html
<a href="#secao2">Ir para a Seção 2</a>
```

Exemplo de âncora dentro do documento:

```html
<h2 id="secao2">Seção 2</h2>
<p>Conteúdo da Seção 2.</p>
```

Atributos Adicionais de Link

- **target**: Define como o link deve ser aberto. Pode ser **_blank** (em uma nova janela), **_self** (na mesma janela, padrão), **_parent** (no quadro pai) ou **_top** (na janela superior).

- **rel**: Especifica a relação do link com a página atual ou o recurso de destino. Pode ser usado para indicar relação de "nofollow", "noopener", entre outros.

```html
<a href="https://www.exemplo.com" target="_blank" rel="noopener">Abrir em Nova Janela</a>
```

Links são uma parte fundamental da navegação e da experiência do usuário na web. Ao usá-los, certifique-se de criar descrições claras e significativas para melhorar a usabilidade e a acessibilidade da sua página.

Tabelas e suas características

As tabelas são elementos do HTML que permitem organizar dados em linhas e colunas. Elas são amplamente usadas para exibir informações tabulares de forma estruturada e fácil de entender. Vamos explorar como criar tabelas e entender suas principais características:

Criação de Tabelas (<table>)

O elemento **table** é usado como contêiner principal para criar uma tabela. Dentro da tag **<table>**, você usa **<tr>** para criar linhas e **<td>** para criar células de dados. Também pode usar **<th>** para criar células de cabeçalho.

Exemplo básico de uma tabela:

```
<table>
  <tr>
    <th>Nome</th>
    <th>Idade</th>
  </tr>
  <tr>
    <td>João</td>
    <td>25</td>
  </tr>
  <tr>
    <td>Maria</td>
    <td>30</td>
  </tr>
</table>
```

Características Principais das Tabelas

1. **<tr> (Row)**: Define uma linha na tabela. É usado como um contêiner para as células.

2. **<td> (Table Data)**: Define uma célula de dados dentro de uma linha. Contém o conteúdo real da tabela.

3. **<th> (Table Header)**: Define uma célula de cabeçalho, geralmente usada para identificar as colunas da tabela. As células de cabeçalho são exibidas em negrito por padrão.

4. **<caption>**: Opcionalmente, você pode adicionar uma legenda para a tabela usando a tag **<caption>**. A legenda é colocada acima da tabela.

```
<table>
  <caption>Tabela de Dados</caption>
  <!-- Linhas e células aqui -->
</table>
```

<thead>, <tbody>, <tfoot>: Esses elementos podem ser usados para dividir a tabela em cabeçalho (**<thead>**), corpo (**<tbody>**) e rodapé (**<tfoot>**), melhorando a semântica da tabela e a acessibilidade.

```html
<table>
    <thead>
        <tr>
            <th>Nome</th>
            <th>Idade</th>
        </tr>
    </thead>
    <tbody>
        <tr>
            <td>João</td>
            <td>25</td>
        </tr>
<!-- Outras linhas -->
    </tbody>
    <tfoot>
        <tr>
            <td>Total</td>
            <td>55</td>
        </tr>
    </tfoot>
</table>
```

Atributos de Tabela

Você pode usar atributos como **border** para adicionar bordas à tabela, `cellspacing` e `cellpadding` para controlar o espaçamento entre células e bordas, e `align` para alinhar a tabela horizontalmente.

```
<table border="1" cellspacing="5" cellpadding="10">
  <!-- Linhas e células aqui -->
</table>
```

As tabelas são úteis para apresentar informações organizadas, como dados tabulares, calendários e muito mais. No entanto, com o avanço do CSS e da semântica HTML5, é recomendável usar tabelas apenas para dados tabulares e adotar outros métodos de layout, como Flexbox e Grid, para outros tipos de design. Isso ajuda a manter a estrutura semântica e a acessibilidade da sua página.

Formulários e campos de entrada

Os formulários são elementos essenciais para interação do usuário em páginas web, permitindo a coleta de informações, envio de dados e interações diversas. Eles são compostos por vários tipos de campos de entrada que podem variar desde caixas de texto simples até botões de seleção. Vamos explorar como criar formulários e os principais campos de entrada:

Criação de Formulários (<form>)

O elemento **<form>** é usado para criar um formulário em HTML. Ele engloba todos os elementos de entrada e botões relacionados a esse formulário. O atributo **action** define a URL do servidor que processará os dados do formulário quando ele for enviado.

```
<form action="processar-formulario.php" method="POST">
  <!-- Campos de entrada e botões aqui -->
</form>
```

Campos de Entrada (<input>, <textarea>, <select>)

1. **<input> (Campo de Entrada)**: Usado para criar vários tipos de campos, como caixas de texto, senhas, botões de rádio, checkboxes, entre outros.

   Exemplo de caixa de texto:

```html
<label for="nome">Nome:</label>
<input type="text" id="nome" name="nome">
```

2. **<textarea> (Área de Texto)**: Usado para permitir a entrada de texto longo, como comentários ou mensagens.

```html
<label for="comentario">Comentário:</label>
<textarea id="comentario" name="comentario" rows="4" cols="50"></textarea>
```

3. **<select> (Menu Suspenso)**: Usado para criar menus suspensos de seleção, como listas de opções.

```html
<label for="pais">País:</label>
<select id="pais" name="pais">
  <option value="br">Brasil</option>
  <option value="us">Estados Unidos</option>
  <option value="ca">Canadá</option>
</select>
```

Botões (<button>, <input type="submit">)

1. **<button> (Botão):** Usado para criar botões interativos dentro do formulário.

```
<button type="button">Clique Aqui</button>
```

2. **<input type="submit"> (Botão de Envio):** Usado para enviar os dados do formulário para o servidor.

```
<input type="submit" value="Enviar">
```

Atributos Importantes

- **name:** Nome do campo, usado para identificar o campo no servidor quando o formulário é enviado.
- **id:** Identificador único do campo, usado para associar rótulos (labels) e para estilização.
- **value:** Valor inicial do campo. Pode ser útil para campos pré-preenchidos.
- **placeholder:** Texto temporário exibido no campo até que o usuário insira dados.
- **required:** Atributo booleano que torna o campo obrigatório antes de enviar o formulário.
- **disabled:** Atributo booleano que desabilita o campo de entrada.

Lembre-se de estruturar seus formulários de maneira clara e semântica, usando rótulos (<label>) para associar cada campo de entrada. Além disso, considere a acessibilidade ao usar atributos como **aria-label** e fornecer instruções claras para o preenchimento adequado dos campos.

Parte 3: Elementos Avançados do HTML5

Além dos elementos básicos que discutimos anteriormente, o HTML5 introduziu uma variedade de elementos mais avançados e especializados que permitem criar páginas web mais ricas e interativas. Aqui estão alguns desses elementos:

1. **<canvas>**: Usado para renderização gráfica dinâmica, permitindo a criação de gráficos, desenhos e animações usando JavaScript.

2. **<video>** e **<audio>**: Permitem incorporar conteúdo de vídeo e áudio diretamente na página, oferecendo suporte a vários formatos de mídia.

3. **<iframe>**: Usado para incorporar conteúdo de outras páginas ou fontes externas, como vídeos do YouTube ou mapas do Google.

4. **<svg> (Scalable Vector Graphics)**: Usado para criar gráficos vetoriais escaláveis diretamente no código HTML.

5. **<details>** e **<summary>**: Usados para criar elementos de detalhes e resumos, como caixas de expansão para mostrar ou ocultar informações adicionais.

6. **<progress>**: Usado para exibir uma barra de progresso, útil para indicar o andamento de tarefas ou carregamento.

7. **<meter>**: Usado para exibir medidas ou escalas, como barras de avaliação ou medidores de temperatura.

8. **<time>**: Usado para representar datas e horários, oferecendo uma marcação semântica para informações de tempo.

9. **<datalist>**: Usado em conjunto com campos de entrada para fornecer uma lista de opções sugeridas ao usuário à medida que digita.

10. **<ruby>** e **<rt>**: Usados para exibir texto com anotações ruby, comumente usado para exibir texto em chinês ou japonês com furigana.

11. **<figure>** e **<figcaption>**: Usados para agrupar uma mídia (como imagem ou vídeo) com uma legenda explicativa.

12. **<details>** e **<summary>**: Permitem criar elementos de detalhes e resumos para criar áreas expansíveis ou retráteis de conteúdo.

13. **<mark>**: Usado para destacar ou marcar parte do texto, geralmente com um fundo amarelo.

14. **<article>** e **<section>**: Elementos semânticos para estruturar o conteúdo da página em seções lógicas ou artigos independentes.

15. **<nav>** e **<aside>**: Usados para marcar elementos de navegação e conteúdo relacionado separadamente do conteúdo principal.

16. **<meter>**: Usado para representar uma medida escalar em uma escala específica.

17. **<output>**: Usado para exibir resultados de scripts ou cálculos.

18. **<source>**: Usado em conjunto com elementos de mídia, como **<audio>** e **<video>**, para fornecer diferentes formatos de mídia para diferentes navegadores.

Lembre-se de que, ao usar elementos avançados, é importante considerar a compatibilidade com diferentes navegadores e a acessibilidade para garantir que todos os usuários possam interagir e entender o conteúdo da sua página. Sempre verifique a documentação oficial para obter informações detalhadas sobre cada elemento e suas melhores práticas de uso.

Elementos de mídia (áudio e vídeo)

Os elementos de mídia **<audio>** e **<video>** são parte importante do HTML5, permitindo incorporar áudio e vídeo diretamente nas páginas da web sem depender de plugins externos. Isso oferece uma experiência de mídia mais integrada e acessível para os usuários. Vamos explorar como usar esses elementos:

O elemento **<audio>** é usado para incorporar áudio na página. Ele oferece suporte a vários formatos de áudio, o que é útil para acomodar diferentes navegadores.

Exemplo de uso básico:

```
<audio controls>
  <source src="musica.mp3" type="audio/mpeg">
  Seu navegador não suporta o elemento de áudio.
</audio>
```

Neste exemplo, **controls** exibe os controles de reprodução (play, pause, volume) para o usuário. **<source>** permite especificar diferentes formatos de áudio para melhor compatibilidade entre navegadores.

<video> (Elemento de Vídeo)

O elemento **<video>** é usado para incorporar vídeos na página. Ele também suporta vários formatos de vídeo para compatibilidade.

Exemplo de uso básico:

```
<video controls>
  <source src="video.mp4" type="video/mp4">
  Seu navegador não suporta o elemento de vídeo.
</video>
```

Da mesma forma que **<audio>**, **controls** adiciona controles de reprodução ao vídeo. É importante fornecer diferentes fontes de vídeo usando **<source>** para garantir que os navegadores possam reproduzir o vídeo corretamente.

Atributos Comuns

Além do atributo **controls**, existem outros atributos comuns que você pode usar para personalizar a exibição e comportamento dos elementos de mídia:

- **autoplay**: Inicia a reprodução automaticamente assim que a página é carregada.
- **loop**: Faz com que a mídia seja reproduzida em um loop infinito.
- **muted**: Inicia a reprodução em modo mudo.
- **poster**: Especifica uma imagem que será exibida enquanto o vídeo ou áudio não está sendo reproduzido.

Formatos de Mídia

Lembre-se de que diferentes navegadores suportam diferentes formatos de mídia. Portanto, é uma boa prática fornecer várias fontes de áudio ou vídeo em formatos diferentes (por exemplo, MP3, OGG, WebM, etc.) usando a tag **<source>**. O navegador escolherá o formato adequado com base no suporte do navegador.

```
<video controls>
  <source src="video.mp4" type="video/mp4">
  <source src="video.webm" type="video/webm">
  <source src="video.ogv" type="video/ogg">
  Seu navegador não suporta o elemento de vídeo.
</video>
```

Esses elementos de mídia adicionam interatividade e enriquecem a experiência do usuário em sua página. Certifique-se de testar seus elementos de áudio e vídeo em diferentes navegadores para garantir a compatibilidade.

Elementos semânticos (header, footer, nav, article, etc.)

Os elementos semânticos do HTML5 são usados para dar significado estrutural ao conteúdo de uma página. Eles não apenas ajudam a organizar o layout, mas também fornecem informações adicionais sobre o propósito de cada parte do conteúdo. Isso melhora a acessibilidade, a indexação pelos mecanismos de busca e a manutenção do código. Vamos explorar alguns desses elementos:

\<header\> (Cabeçalho)

O elemento **\<header\>** é usado para representar o cabeçalho de uma seção ou de todo o documento. Ele geralmente contém elementos como o logotipo do site, títulos principais e elementos de navegação.

```
<header>
  <h1>Meu Site</h1>
  <nav>
    <ul>
      <li><a href="#">Início</a></li>
      <li><a href="#">Sobre</a></li>
      <li><a href="#">Contato</a></li>
    </ul>
  </nav>
</header>
```

<nav> (Navegação)

O elemento **<nav>** é usado para agrupar elementos de navegação, como menus, links para outras páginas ou seções da página.

```
<nav>
  <ul>
    <li><a href="#">Início</a></li>
    <li><a href="#">Produtos</a></li>
    <li><a href="#">Contato</a></li>
  </ul>
</nav>
```

<article> (Artigo)

O elemento **<article>** é usado para representar um conteúdo autônomo, como um post de blog, uma notícia ou um artigo. Ele deve ser independente e significativo por si só.

```
<article>
  <h2>Título do Artigo</h2>
  <p>Conteúdo do artigo...</p>
</article>
```

<section> (Seção)

O elemento **<section>** é usado para agrupar conteúdo relacionado tematicamente. Ele ajuda a dividir o conteúdo em partes menores e significativas.

```
<section>
  <h2>Serviços</h2>
  <p>Nossos serviços incluem...</p>
</section>
```

<aside> (Lateral)

O elemento **<aside>** é usado para representar conteúdo relacionado ou auxiliar, muitas vezes exibido em uma barra lateral. Pode conter informações adicionais, como anúncios, links relacionados ou elementos de referência.

```
<aside>
  <h3>Artigos Relacionados</h3>
  <ul>
    <li><a href="#">Dicas para Web Design</a></li>
    <li><a href="#">Tendências de UI/UX</a></li>
  </ul>
</aside>
```

<footer> (Rodapé)

O elemento **<footer>** é usado para representar o rodapé de uma seção ou do documento inteiro. Ele geralmente contém informações de contato, direitos autorais e links para redes sociais.

```
<footer>
  <p>&copy; 2023 Meu Site. Todos os direitos reservados.</p>
</footer>
```

<main> (Conteúdo Principal)

O elemento **<main>** é usado para representar o conteúdo principal da página. Deve ser único na página e não ser usado dentro de elementos **<article>** ou **<section>**.

```
<main>
  <h1>Bem-vindo ao Meu Site!</h1>
  <p>Este é o conteúdo principal da página.</p>
</main>
```

Ao usar esses elementos semânticos, você não só melhora a estrutura do seu código, mas também torna o seu conteúdo mais acessível e compreensível para os usuários e mecanismos de busca. Eles fornecem um meio poderoso de comunicar a intenção do seu conteúdo.

Novas tags estruturais (main, section, aside, etc.)

\<main\>

O elemento **\<main\>** é usado para envolver o conteúdo principal da página. Ele deve ser exclusivo e não deve ser usado dentro de elementos como **\<article\>** ou **\<section\>**. O uso do **\<main\>** ajuda os mecanismos de busca e tecnologias assistivas a identificar rapidamente o conteúdo principal da página.

Exemplo:

```
<main>
    <h1>Bem-vindo à Página Principal</h1>
    <p>Este é o conteúdo principal da página.</p>
</main>
```

\<section\>

O elemento **\<section\>** é usado para agrupar conteúdo relacionado tematicamente. Ele ajuda a dividir o conteúdo da página em partes lógicas e distintas. Cada seção deve ter um cabeçalho descritivo (geralmente um título) para indicar qual é o seu propósito.

Exemplo:

```
<section>
    <h2>Sobre Nós</h2>
    <p>Saiba mais sobre a nossa história e missão.</p>
</section>
```

<article>

O elemento **<article>** é usado para representar um conteúdo independente e completo. Isso pode ser um post de blog, uma notícia, um comentário ou qualquer outra peça de conteúdo autônomo. Cada elemento **<article>** deve ser capaz de ser distribuído separadamente do restante da página.

Exemplo:

```html
<article>
  <h2>Título do Artigo</h2>
  <p>Conteúdo completo do artigo...</p>
</article>
```

<aside>

O elemento **<aside>** é usado para envolver conteúdo relacionado ou auxiliar, que é separado do conteúdo principal da página. Isso pode incluir barras laterais com anúncios, links relacionados, widgets de mídia social ou qualquer outro conteúdo complementar.

Exemplo:

```html
<aside>
  <h3>Artigos Relacionados</h3>
  <ul>
    <li><a href="#">Dicas para Web Design</a></li>
    <li><a href="#">Tendências de UI/UX</a></li>
  </ul>
</aside>
```

<header> e <footer>

Os elementos **<header>** e **<footer>** são usados para representar, respectivamente, o cabeçalho e o rodapé de uma seção ou da página inteira. O **<header>** geralmente contém elementos de identificação, como logotipos e menus de navegação, enquanto o **<footer>** contém informações de rodapé, como direitos autorais e links de contato.

Exemplo:

```
<header>
  <h1>Meu Site</h1>
  <nav>
    <ul>
      <li><a href="#">Início</a></li>
      <li><a href="#">Sobre</a></li>
      <li><a href="#">Contato</a></li>
    </ul>
  </nav>
</header>
<footer>
  <p>&copy; 2023 Meu Site. Todos os direitos reservados.</p>
</footer>
```

Essas novas tags estruturais do HTML5 fornecem uma maneira semântica de organizar e descrever o conteúdo de suas páginas, melhorando a acessibilidade, a indexação pelos mecanismos de busca e a compreensão do seu código por outros desenvolvedores.

APIs do HTML5 (geolocalização, armazenamento local, etc.)

O HTML5 introduziu várias APIs (Interfaces de Programação de Aplicativos) que permitem que os desenvolvedores criem recursos interativos e avançados em suas páginas da web. Vou explicar algumas das APIs mais importantes do HTML5:

Geolocalização (Geolocation API)

A Geolocalização API permite que você obtenha a localização geográfica do dispositivo do usuário, se o usuário permitir. Isso pode ser útil para criar aplicativos baseados em localização, mapas e serviços de entrega.

Exemplo:

```javascript
if ("geolocation" in navigator) {
  navigator.geolocation.getCurrentPosition(function(position) {
    var latitude = position.coords.latitude;
    var longitude = position.coords.longitude;
    console.log("Latitude: " + latitude + ", Longitude: " + longitud
  });
}
```

Armazenamento Local (Web Storage API)

O Armazenamento Local permite que você armazene dados localmente no navegador do usuário. Existem dois tipos principais: **localStorage** (persistente) e **sessionStorage** (limitado à sessão atual). Isso é útil para armazenar configurações, preferências e informações temporárias.

Exemplo:

```javascript
// Armazenar dados no localStorage
localStorage.setItem("username", "usuario123");

// Recuperar dados do localStorage
var username = localStorage.getItem("username");

// Remover dados do localStorage
localStorage.removeItem("username");
```

API de Drag and Drop

A API de Arrastar e Soltar permite criar interfaces de arrastar e soltar para reorganizar elementos da página. Isso é útil para criação de interfaces de usuário mais intuitivas.

Exemplo:

```javascript
var draggableElement = document.getElementById("elemento-arrastavel");
draggableElement.addEventListener("dragstart", function(event) {
  event.dataTransfer.setData("text/plain", "elemento");
});

var dropZone = document.getElementById("area-de-soltar");
dropZone.addEventListener("dragover", function(event) {
  event.preventDefault();
});
dropZone.addEventListener("drop", function(event) {
  event.preventDefault();
  var data = event.dataTransfer.getData("text/plain");
  if (data === "elemento") {
    dropZone.appendChild(draggableElement);
  }
});
```

WebSocket API

A WebSocket API permite a comunicação bidirecional em tempo real entre o cliente e o servidor. Isso é particularmente útil para aplicativos que exigem atualizações constantes e interativas.

Exemplo:

```javascript
var socket = new WebSocket("wss://exemplo.com");
socket.onopen = function(event) {
  socket.send("Olá, servidor!");
};
socket.onmessage = function(event) {
  console.log("Mensagem recebida:", event.data);
};
```

Essas são apenas algumas das APIs poderosas introduzidas pelo HTML5. Existem muitas outras, como a API de Histórico, a API de Notificações, a API de Canvas, a API de Áudio/Web Audio, entre outras. Cada uma dessas APIs oferece recursos avançados para melhorar a interatividade e a funcionalidade das suas aplicações web.

SVG (Scalable Vector Graphics)

SVG, ou Scalable Vector Graphics, é um formato de imagem baseado em XML que permite criar gráficos vetoriais escaláveis. Ao contrário de imagens raster (como JPG ou PNG), que são compostas por pixels, as imagens SVG são descritas por vetores matemáticos, o que significa que elas podem ser ampliadas sem perda de qualidade. Isso torna o SVG uma escolha popular para gráficos, ícones e ilustrações na web. Aqui estão os principais aspectos do SVG:

Sintaxe Básica

Um elemento SVG é definido usando a tag **<svg>**, e os gráficos são criados por meio de elementos e atributos específicos. Aqui está um exemplo simples de um círculo em SVG:

```
<svg width="100" height="100">
  <circle cx="50" cy="50" r="40" stroke="black" stroke-width="2" fill="red" />
</svg>
```

Principais Conceitos

- **Elementos de Forma**: SVG suporta várias formas básicas, como **<circle>**, **<rect>**, **<ellipse>**, **<line>**, **<polygon>** e **<path>**. Cada forma é definida por seus próprios atributos.

- **Atributos**: Atributos como **cx**, **cy**, **r**, **width**, **height**, **stroke**, **stroke-width**, **fill** e muitos outros são usados para definir propriedades de elementos de forma e controlar sua aparência.

- **Gradients e Padrões**: SVG permite criar gradientes (lineares ou radiais) e padrões que podem ser aplicados a elementos para criar efeitos visuais complexos.

- **Transformações**: Você pode aplicar transformações como escala, rotação, translação e inclinação a elementos SVG.

- **Texto**: SVG suporta elementos de texto, permitindo que você insira texto diretamente nos gráficos.

- **Filtros**: Filtros SVG permitem aplicar efeitos visuais a elementos, como desfoque, sombreamento e distorção.

Incorporação em HTML

SVG pode ser incorporado diretamente no HTML usando a tag **<svg>**. Você pode incluir SVG inline ou vincular a arquivos SVG externos. A incorporação inline permite maior controle sobre a aparência dos gráficos.

Benefícios do SVG

- **Escalabilidade**: Imagens SVG podem ser redimensionadas sem perda de qualidade, tornando-as ideais para telas de diferentes tamanhos.

- **Interatividade**: SVG pode ser animado e manipulado usando JavaScript, tornando-o adequado para gráficos interativos.

- **Acessibilidade**: Por ser baseado em texto, o SVG é acessível e pode ser interpretado por tecnologias assistivas.

- **Baixo Peso**: Em comparação com imagens raster, SVG geralmente possui tamanho de arquivo menor, especialmente para gráficos simples.

SVG é uma ferramenta poderosa para criar gráficos e ilustrações escaláveis que se adaptam a diferentes dispositivos e resoluções. Ele é amplamente usado para ícones, logotipos, gráficos de dados e muito mais.

Parte 4: Introdução ao CSS3

introdução ao CSS3 (Cascading Style Sheets), que é uma linguagem usada para estilizar páginas da web e melhorar a apresentação do conteúdo. O CSS3 é a versão mais recente da linguagem CSS e introduziu muitos recursos avançados em comparação com as versões anteriores. Vamos explorar os conceitos básicos do CSS3:

O que é CSS?

CSS é uma linguagem de estilo que trabalha em conjunto com o HTML para definir como o conteúdo de uma página da web deve ser apresentado. Ele controla o layout, cores, tipografia, espaçamento e outros aspectos visuais de um site. O CSS permite separar o conteúdo (HTML) da sua apresentação (estilos), facilitando a manutenção e melhorando a flexibilidade do design.

Seletores

Os seletores são usados para selecionar elementos HTML aos quais você deseja aplicar estilos. Aqui está um exemplo simples:

```css
/* Seleciona todos os parágrafos */
p {
  color: blue;
}
```

Propriedades e Valores

As propriedades CSS definem o que você deseja estilizar, como cor, tamanho da fonte, margens, preenchimento, entre outros. Os valores são atribuídos às propriedades para determinar como o estilo deve ser aplicado. Por exemplo:

```css
/* Define a cor do texto como vermelho */
p {
color: red;
}
/* Define a margem superior e inferior como 10 pixels, e margens laterais como 20 pixels */
div {
margin: 10px 20px;
}
```

Classes e IDs

Você pode aplicar estilos específicos a elementos usando classes e IDs. As classes são identificadas com um ponto (.), e IDs são identificados com uma hashtag (#). Aqui está um exemplo:

```css
/* Estilo para uma classe */
.destaque {
  font-weight: bold;
  color: green;
}

/* Estilo para um ID */
#cabecalho {
  background-color: #f0f0f0;
}
```

Hierarquia e Cascata

A cascata no CSS significa que vários estilos podem ser aplicados a um elemento e serão resolvidos com base na hierarquia e especificidade. Isso permite que você defina estilos globais e locais, além de sobrepor estilos específicos conforme necessário.

Box Model

O modelo de caixa define como os elementos HTML são renderizados visualmente. Cada elemento é composto por uma caixa que inclui conteúdo, preenchimento, bordas e margens. Entender o modelo de caixa é fundamental para controlar o layout da página.

Responsividade e Media Queries

O CSS3 introduziu as Media Queries, que permitem criar estilos específicos para diferentes dispositivos e tamanhos de tela. Isso é fundamental para criar designs responsivos que se adaptem a diferentes resoluções.

Animações e Transições

O CSS3 também trouxe recursos para criar animações e transições diretamente no código CSS. Isso permite adicionar movimento e interatividade a elementos da página.

Flexbox e Grid Layout

O CSS3 introduziu os sistemas de layout Flexbox e Grid, que simplificam a criação de layouts complexos e responsivos, tornando mais fácil organizar elementos em linhas e colunas.

O CSS3 é uma parte essencial do desenvolvimento web moderno, permitindo que você crie designs atraentes e responsivos. À medida que você se aprofunda no CSS3, pode explorar recursos mais avançados, como sombras, gradientes, tipografia personalizada e transformações 3D. Isso permite que você crie experiências de usuário visualmente impressionantes e altamente interativas.

Como aplicar estilos com CSS

Aplicar estilos com CSS envolve selecionar elementos HTML e definir propriedades visuais para esses elementos. Vou orientá-lo sobre como fazer isso passo a passo:

1. **Seletores**: Comece selecionando os elementos aos quais deseja aplicar estilos. Existem diferentes tipos de seletores, como seletores de tipo, seletores de classe e seletores de ID.

   - **Seletores de Tipo**: Selecione um tipo específico de elemento HTML

```css
p {
  color: blue;
}
```

Seletores de Classe: Selecione elementos com uma classe específica.

```css
.destaque {
  font-weight: bold;
  color: red;
}
```

Seletores de ID: Selecione um elemento com um ID específico.

```css
#cabecalho {
  background-color: gray;
}
```

Propriedades e Valores: Depois de selecionar os elementos, defina as propriedades e valores para estilizar os elementos. Cada propriedade é seguida por dois pontos (:) e, em seguida, o valor.

```css
/* Exemplo de definição de cor de texto e tamanho de fonte */
p {
  color: blue;
  font-size: 16px;
}
```

1. **Hierarquia e Cascata**: Lembre-se de que estilos podem ser aninhados e resolvidos com base na hierarquia. Se um elemento tiver estilos conflitantes de seletores diferentes, a cascata determinará qual estilo é aplicado.

2. **Agrupamento de Seletores**: Você também pode agrupar seletores para aplicar os mesmos estilos a vários elementos.

```css
/* Aplica estilos a todos os títulos h1 e h2 */
h1, h2 {
  color: green;
}
```

Estilos Inline: Você também pode aplicar estilos diretamente no HTML usando o atributo **style**. No entanto, é geralmente uma boa prática manter os estilos separados do HTML para melhor organização e manutenção.

```html
<p style="color: red; font-size: 18px;">Este é um parágrafo vermelho</p>
```

Classes e IDs: Use classes e IDs para aplicar estilos específicos a elementos selecionados.

```css
.destaque {
  background-color: yellow;
}
#cabecalho {
  font-size: 24px;
}
```

Lembre-se de que você pode criar um arquivo separado para o CSS e vinculá-lo ao seu arquivo HTML usando a tag **<link>** no **<head>** do documento. Isso ajuda a manter o código organizado e facilita a manutenção.

```
<!DOCTYPE html>
<html>
<head>
  <link rel="stylesheet" type="text/css" href="estilos.css">
</head>
<body>
  <!-- Seu conteúdo HTML aqui -->
</body>
</html>
```

Com essas diretrizes básicas, você pode começar a aplicar estilos aos elementos HTML e personalizar a aparência da sua página da web de acordo com suas preferências e requisitos de design.

www.ingramcontent.com/pod-product-compliance
Lightning Source LLC
LaVergne TN
LVHW051632050326
832903LV00033B/4716